“两弹一艇”简史及核工业精神

郑庆云 著

中国原子能出版社

图书在版编目(CIP)数据

“两弹一艇”简史及核工业精神/郑庆云著. —北京:中国原子能出版社,2020.10(2024.8重印)

ISBN 978-7-5221-1065-3

Ⅰ.①两… Ⅱ.①郑… Ⅲ.①原子能工业-工业史-中国 Ⅳ.①F426.23

中国版本图书馆CIP数据核字(2020)第212377号

“两弹一艇”简史及核工业精神

出版发行	中国原子能出版社(北京市海淀区阜成路43号 100048)
策　　划	潘启龙　薛恩杰
责任编辑	王　青　郭文传
装帧设计	崔　彤
责任校对	宋　巍
责任印制	赵　明
印　　刷	北京厚诚则铭印刷科技有限公司
开　　本	787 mm×1092 mm 1/16
印　　张	10
字　　数	143千字
版　　次	2020年10月第1版　2024年8月第4次印刷
书　　号	ISBN 978-7-5221-1065-3
定　　价	50.00元

发行电话:010-68452845

“两弹一艇”简史及核工业精神

序　言

原子弹、氢弹、核潜艇（简称“两弹一艇”）是新中国成立后最具代表性的科技成就之一，伴随其所形成的“两弹一星”精神和“事业高于一切，责任重于一切，严细融入一切，进取成就一切”核工业精神，正以强劲的力量推动着未来核工业的征程。我有幸参加了我国核潜艇研制的全过程，见证了核工业人的爱国心、事业心、责任心以及自主创新、顽强拼搏的精神，见证了“两弹一星”精神和核工业精神的力量。《“两弹一艇”简史及核工业精神》以“历史凝练精神，精神成就事业”为红线，简明、生动地讲述了我国核工业创业史和创业精神。

庆云同志从清华园一路走来，在兰州铀浓缩厂成长、成熟、成家，在核智囊团成事、成才、成“家”，对核事业怀有深厚的情感，对核事业的伟大、苦难的伟大、群体的伟大有深刻的感悟，对核工业精神之魂、事业之芯、管理之道有深入的思考，对核工业精神的提出、内涵、本质及与企业文化、企业管理的关联作了详细求证。自核工业精神发布以来，庆云同志一直精心守护核工业精神家园，站在思想的高处、人生观价值观的高度宣讲核工业精神。他不辞劳苦，尽心尽责，十易其稿，赴各地巡讲核工业创业史和创业精神百余次，可谓“百炼成钢”。本书的出版是他长期积累的思想结晶，其鲜明特色是：内涵丰富，史料真实；故事性强，信息量大；条理清晰，简明生动。

当前，核工业进入了继“两弹一艇”后又一个重要战略机遇期，落实习近平总书记系列重要批示指示精神，完成新时期核工业的光荣使命，必须大力弘扬和传承核工业精神。本书既提供了“不忘初心，牢记使命”主题教育的教材，也启迪了核工业精神薪火相传、永不褪色的方法路径。

有道是，纸上得来终觉浅，绝知此事要躬行。

彭士禄

2020 年 6 月 5 日

彭士禄，中国工程院资深院士。革命英烈彭湃的优秀儿子，中国核动力领域的开拓者和奠基人之一，我国核潜艇第一任总设计师。曾任原六机部和水电部副部长，中共广东省委常委，核工业部总工程师，中共中央候补委员、全国人大常委。

历史凝练精神　精神成就事业

国家范围讲“两弹一星”，指的是核弹、导弹和人造卫星。“两弹一星”是1949年新中国成立到1978年改革开放前，这一历史阶段中，最具代表性的伟大成就之一。核工业系统表述的“两弹一艇”，指的是原子弹、氢弹和核潜艇。

本书用生动的故事、具有代表性的图片和简明的语言，讲述“两弹一艇”简史和“四个一切”核工业精神。

开篇

不忘初心　牢记使命

安下心，扎下根，戈壁滩上献青春！

守山餐，伴山眠，风梳头，汗洗脸，深山峡谷献终身！

祖国把我寄托，我为祖国承诺！

四〇四厂建厂工地

红华公司建厂初期建设场景

“安下心，扎下根，戈壁滩上献青春！”这是四〇四厂职工在嘉峪关外戈壁滩上立下的誓言。

“守山餐，伴山眠，风梳头，汗洗脸，深山峡谷献终身！”这是红华公司职工表达的豪言壮语。

“祖国把我寄托，我为祖国承诺。”这是当年分布在祖国广袤土地上，我国核工业十多万职工发自内心的坚定心声。

引用三段话作为本书的开篇。让我们大家一起回到当年创业的工地上，讲述创业的故事，体味创业的精神。

目录 CONTENTS

“两弹一艇” 简史

“两弹一艇”简史可概述为两次浪潮、四个里程

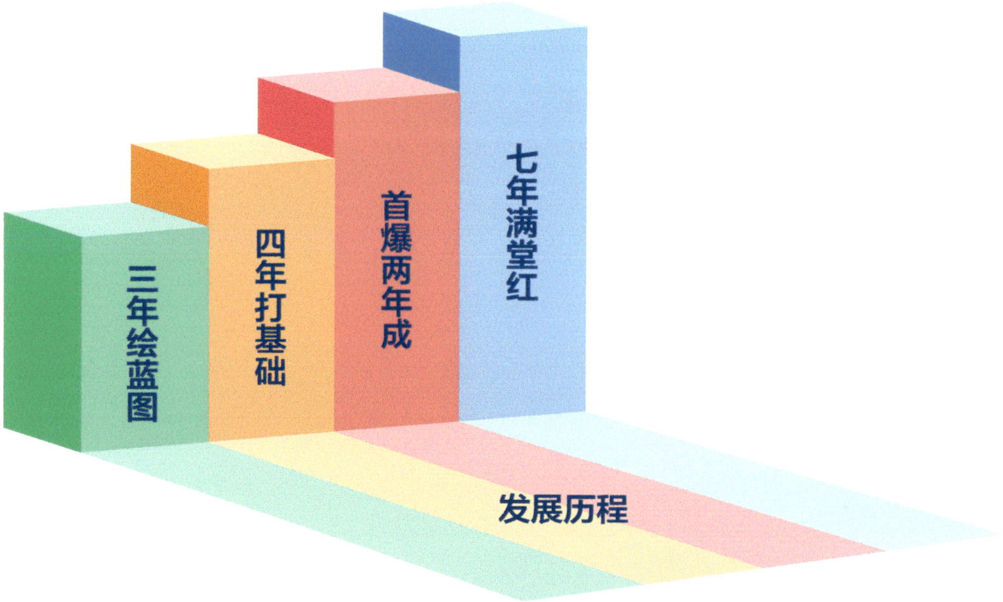

两次浪潮

1955 年 1 月 15 日，中共中央书记处扩大会作出了创建我国核工业，研制原子弹的伟大战略决策。

1962 年 11 月 17 日，中央成立以周恩来总理为主任的中央专委，标志着原子弹研制从国家战略上升到国家行动，举国为之。

这是党中央建立建设我国核工业的重大决策和重大举措。举全国之力，要人给人，要设备给设备，要资金给资金，要技术给人才。

我国核工业在党和国家领导下，充分发挥举国体制的优势，通过两次浪潮把中国核工业建设推向高潮。

里程一：三年绘蓝图

从 1955—1958 年在我国核工业创建头三年里，把我国核工业的发展体系、体制、发展大纲、对外合作框架，这样一幅完整的蓝图勾画出来。

与此同时，铀矿地质和“一堆一器”核科研两个先行官开始建设。

体系：即铀矿探采，核科学研究，核燃料生产和核武器研制四大体系。

体制：即中央直接领导，国家工业部统一组织。

对外合作框架：中苏签订了 6 项合作协定。最主要的是 1956 年 8 月签订的原子能工业协定和 1957 年 10 月签订的国防新技术协定。

发展目标：制定《关于 1956 年至 1967 年发展原子能事业计划大纲》，建立一个独立的、完整的核工业体系。

为什么在 1957 年 10 月签下国防新技术协定？1954 年（国庆 5 周年），苏共中央第一书记赫鲁晓夫访华。10 月 3 日，中苏两国举行高级会谈，赫鲁晓夫问，你们还有什么要求？毛主席说，我们对原子能、核武器感兴趣，希望你们在这方面对我们有所帮助，使我们有所建树。赫鲁晓夫原意想提高援华质量，但没想到冒出这么一个敏感问题，他愣了一会儿说，搞这个东西太费钱了，我们这个大家庭有了核保护伞就行了，无须大家都来搞，目前你们不必搞这些东西。

毛主席说，也好，让我们考虑考虑再说。

那么为什么事隔 3 年，又签订了协议呢？1956 年 2 月，苏共召开二十大后，苏共中央高层斗争激烈，国外发生了波匈事件，赫鲁晓夫处于内外交困，亟需大党、大国支持他，所以他力排众议签下了这个协定。可见，这个条约的基础不牢，是权宜之计。所以，当 1959 年国际上刮起核禁试风时，就以此为由，撕毁了这个条约，撤走了专家。

里程二：四年打基础

1958—1962年这四年里，集中力量建设核燃料、核武器骨干工厂（即核工业第一批厂矿）和配套设施共30个项目，为“两弹一艇”的研制奠定了物质基础。

核工业第一批厂矿即，甘肃酒泉的四〇四厂、甘肃兰州的五〇四厂、青海海晏的二二一厂、内蒙古包头的二〇二厂、湖南衡阳的二七二厂、湖南郴县的七一一矿、湖南衡阳的七一二矿、江西上饶的七一三矿、北京铀矿加工实验室。这是我国核燃料、核武器生产和研制的核心基地。

里程三：首爆两年成

在前面七年工作的基础上，原子弹的研制已从量变进入质变，1962 年制定了我国第一颗原子弹爆炸的《两年规划》。中央成立了以周恩来总理为主任的中央专委。

倒排进度，顺提措施，各项工作进展顺利。原子弹模拟装置冷试验、高浓铀产品、核心部件加工等提前完成，1964 年 10 月 16 日我国第一颗原子弹爆炸成功。

张蕴钰、张爱萍、朱光亚、刘西尧、李觉、吴际霖（从右至左）等在现场庆贺首次核试验成功

两年规划，即《1963、1964 年原子武器、工业建设、生产计划大纲》。

中央专委由周恩来总理任主任，贺龙、李富春、李先念、薄一波、陆定一、聂荣臻、罗瑞卿七位副总理，赵尔陆、张爱萍、王鹤寿、刘杰、孙志远、段君毅、高扬七位部长级干部任委员，它是一个权力机构（非一般议事领导机构），从成立到第一颗原子弹爆炸前，开了 9 次会议，解决了 100 多个问题。

国家拥有原子弹是国家安全和构建大国地位的基石。外交部有一个统计，核爆前（1949—1964 年）与我国建交的是 49 个国家，核爆后 10 年内（1965—1975 年）与我国建交的是 107 个国家。

中美为什么建交？说到底，就是中国强大了。其中，重要一条，就是中国有了核牙齿。

1972 年 2 月 21 日，美国总统尼克松访华。尼克松未下舷梯就伸出手准备和周总理握手，说的第一句话就是“一个时代的结束”。即中美敌对时代结束，印证了美国一句谚语：“打不过的敌人就是朋友”。中国强大了，中美关系由敌对变成了友好，当然，中国更加强大，那又是另一种情景。

里程四：七年满堂红

在首次核爆成功后的七年时间里，完成了五件大事：

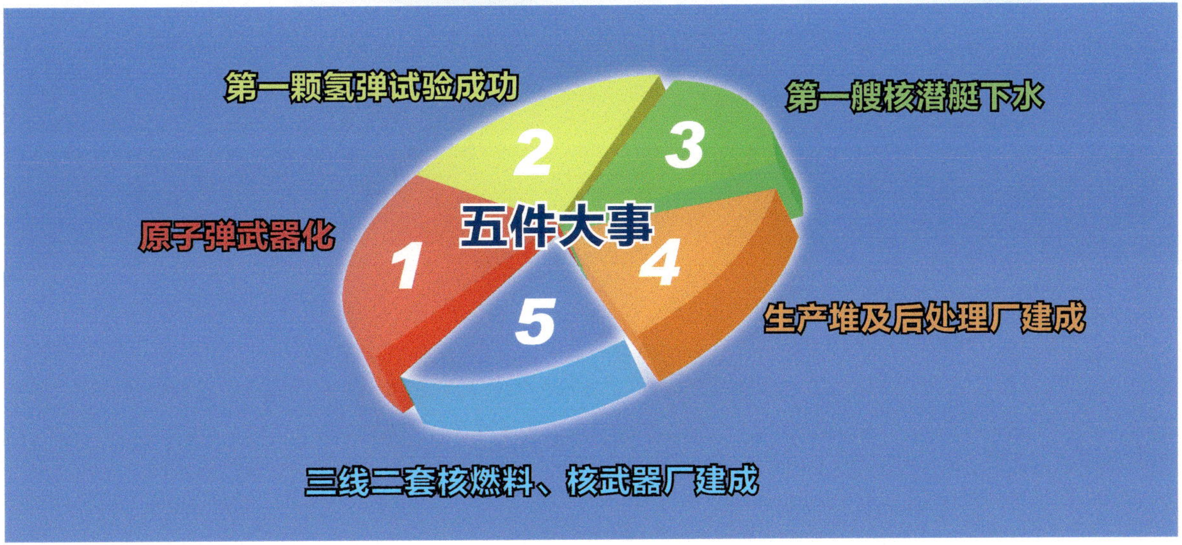

从 1955—1971 年历经 16 年，"两弹一艇"取得全面成功。

首次核爆成功后，面临三大任务：

一是武器化。因为首次核爆是102米铁塔上进行的，要向空投、导弹迈进。

二是完整性。还要建钚生产线，研制氢弹和核潜艇。

三是安全性。首爆后，引起美、苏和台湾当局的关注和仇视，公开叫嚣要对中国核工厂施行"绝育手术"，所以要抓紧三线二套核燃料、核武器基地建设。核工业三线建设，从1965年开始，集中在四川、陕西。

总之，核工业创业史是一部毛主席、周总理等党和国家领导人亲自缔造、全国人民大力协同的历史，也是核工业人艰苦奋斗为国争光的历史，彰显了“爱国”和“奉献”的力量，彰显了核工业精神的力量！

“两弹一艇”标志性图片

“标志性图片”——集中反映我国核工业的工程建设、企业文化和政治大事，以及产业、产品概貌，是对“两弹一艇”简史的形象表达。

产业，即：铀、钚、热核材料三大系列产品的生产、加工与装配。

产品，即：铀、钚、锂-6、氚和“两弹一艇”。

这是国家伟大工程和伟大事业的缩影。

开业之石

1954年在广西发现新中国第一块铀矿石，称之为“开业之石”。时任地质部副部长刘杰向毛主席、周总理作了汇报，毛主席说，我们国家也要发展原子能。

1954年新中国发现的第一块铀矿石

1955 年 1 月 15 日，中共中央书记处扩大会议（场景复原）

1955年1月15日，毛主席主持召开了中央书记处扩大会，决定创建我国核工业，研制原子弹。

参加会议的有李富春、彭真、周恩来、毛泽东、刘少奇、邓小平、薄一波（从左至右）七位中央领导，李四光（右一）、刘杰（右三）、钱三强（右二）列席了会议，并汇报了我国原子能科研和铀资源情况。

“一堆一器”——
中国跨进原子能时代的标志

我国第一座重水研究反应堆（7000 千瓦），连同平行建设的回旋加速器（磁极直径 1.2 米），称为“一堆一器”，于 1958 年 9 月 27 日在中国科学院原子能研究所建成并交付使用，标志我国跨进原子能时代。

711

第一功勋铀矿

我国第一座工业化开采的铀矿山——湖南郴县七一一矿，被誉为“第一功勋铀矿”。

大型铀水冶厂
全景

我国第一座大型铀水冶厂——湖南衡阳二七二厂。
连同七一一矿、七一二矿、七一三矿，标志着我国天然铀生产线建成。

气体扩散法分离铀同位素的扩散级联

我国第一座铀浓缩扩散厂（兰州五〇四厂）的级联大厅，全长 600 余米，安装了 3 种型号扩散机，在天车上俯视，一望无际的机器海洋，非常壮观。1964 年 1 月 14 日，拿出高浓缩产品。

锂同位素分离交换塔组

包头核燃料元件厂（二〇二厂）的锂同位素分离交换塔组。它的投产，标志着热核材料生产线建成。

生产堆分厂全景

后处理厂外景

甘肃酒泉四〇四厂的生产堆和后处理厂的投产，标志钚生产线建成。

四〇四厂是我国核工业规模最大、体系最完整的科研生产基地。厂区、生活区占地面积为 1225 平方公里，与香港相当。

我国第一个核武器研制基地鸟瞰图

在青海湖北岸、金银滩草原上创建的我国第一个核武器研制、试验和生产基地，代号“二二一”。

这个核武器总装厂为我国第一颗原子弹、第一颗氢弹和前16次核试验作出了贡献。

1995年宣布退役，退役后在青海湖旁建立了原子城纪念馆。

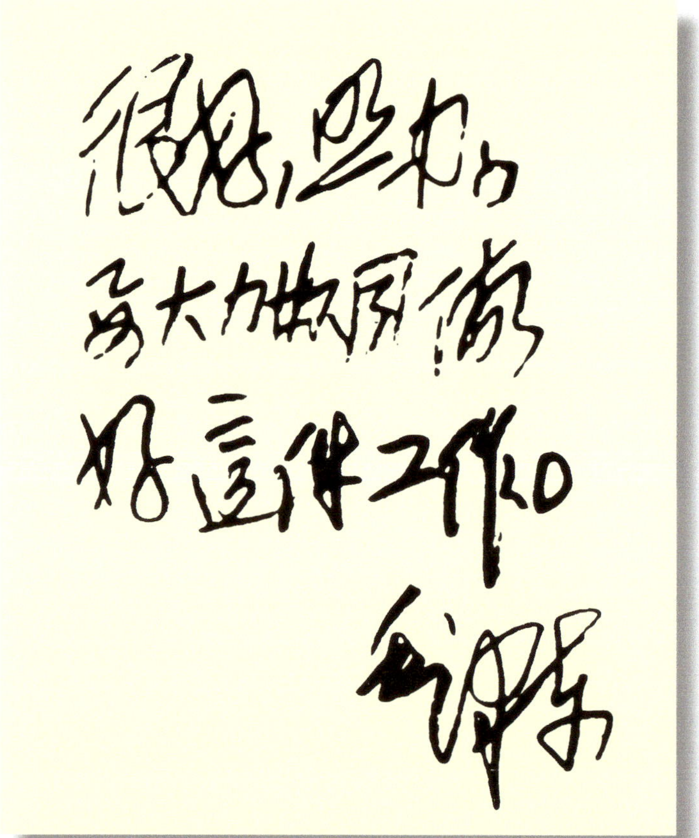
很好，照办。
要大力协同做
好这件工作。
毛泽东

毛主席批示

毛主席对爆炸原子弹的两年规划和成立中央专委的批示。

1962 年 9 月，二机部向中央写报告，争取在 1964 年，最迟在 1965 年上半年爆炸第一颗原子弹。

10 月，中央政治局讨论，并批准了二机部报告。

11 月，毛主席批准成立中央专委并批示。

这标志着，我国原子弹研制进入倒计时的新阶段。

我国空投的第一颗原子弹模型

我国第一颗氢弹模型

我国空投的第一颗原子弹和第一颗氢弹的实物模型。

现役最先进的核弹东风－41，在国庆70周年阅兵中压轴出场，引起国内外关注。东风－41可覆盖全球战略目标。

我国第一艘核潜艇

"长征 10 号"是新型战略核潜艇，是我国自主建造排水量最大的核潜艇

我国第二代核潜艇"长征 10 号"，2019 年 4 月，在青岛举行的国际阅舰式上亮相，是国家重要海基核力量所在。

1999年9月18日，中央召开“两弹一星”表彰大会，授予于敏、王大珩、王希季、王淦昌、邓稼先、朱光亚、任新民、孙家栋、杨嘉墀、吴自良、陈芳允、陈能宽、周光召、赵九章、姚桐斌、钱骥、钱三强、钱学森、郭永怀、黄纬禄、屠守锷、彭桓武、程开甲23位科技专家“两弹一星”功勋奖章。

人民大会堂三楼眺台上悬挂“两弹一星”精神条幅——热爱祖国、无私奉献，自力更生、艰苦奋斗，大力协同、勇于登攀。

传承“两弹一星”精神、核工业精神

“两弹一星”表彰大会

2007 年 9 月 10 日，国务院国资委、国防科工委在人民大会堂召开传承“核工业精神”报告会。

二楼眺台上悬挂“四个一切”核工业精神条幅——事业高于一切，责任重于一切，严细融入一切，进取成就一切。

传承核工业精神　再创新的辉煌先进事迹报告会

事业高于一切，责任重于一切，严细融入一切，进取成就一切

核工业精神和创业故事

六十多年来，我国核工业在创业征途中，既创造了举世瞩目的业绩，也积淀了丰厚的文化底蕴和精神财富，孕育形成了"两弹一星"精神和"四个一切"核工业精神。

"两弹一星"精神

"四个一切"核工业精神

“两弹一星”精神

热爱祖国　无私奉献　蕴含核工业人的爱国主义情怀

自力更生　艰苦奋斗　体现核工业人的优良民族传统

大力协同　勇于登攀　彰显核工业人的团结创新精神

核工业精神

形成于第一次创业，发展于第二次创业，在新时期又将新的理念融入其中。在我国核工业创建 50 周年时，核工业精神表述为：

事业高于一切　责任重于一切

严细融入一切　进取成就一切

“四个一切”核工业精神

集中表现了核工业人的爱国情怀、社会责任、创新精神。

事业高于一切
责任重于一切

彰显核工业人的爱国情怀和社会责任。

严细融入一切
进取成就一切

显示核工业人的大国工匠和创新精神。

“四个一切”核工业精神

集中表达了核工业人文化理念和管理思想的两重性。

事业高于一切 是核工业企业文化之“魂”。

责任、严细、进取 是核工业企业管理之“道”。

“四个一切”核工业精神

集中反映了“高科技战略产业”的两条文化本征线。一条是核军工文化，就是以强军报国为己任，以兴核强国为追求；另一条是以尖端科学为基础的理工文化，即以严格、细致、准确为行为准则，表现出高度科学性、严密性、精确性。那就是——

事业责任大于天，严细进取记心间

2010 年 7 月 9 日中央领导张德江同志在视察四〇四厂时指出：

“希望中核集团认真总结 ‘中核精神’，发扬光大”

张德江同志在纪念核工业创建 55 周年会上说：

“四个一切”精神，不仅是核工业的精神，也是我们党的精神，我们国家的精神，我们民族的精神。

中核集团党组在庆祝建党 90 周年报告中指出：

“四个一切”的核工业精神，体现了爱党、爱国、爱核工业三位一体，是我们核工业人的铮铮风骨和傲人品格。这种精神贯穿整个核工业的发展历程，激励着一代代核工业人献身核事业发展，是核工业永恒的精神财富，也是核工业持续发展的强大动力。在新的历史时期，我们只有大力发扬核工业精神，薪火相传，永不褪色，才能无愧于党和人民的嘱托，无愧于老一辈核工业人的辛勤付出，无愧于自己的生命价值。

党的十八大以来，加强文化建设，提高文化自信

党的十八大以来，中核集团弘扬践行“两弹一星”精神和核工业精神，开展的重大活动：

1.“两弹一星”精神和核工业精神在全国巡回宣讲报告

2.《核铸强国梦》系列丛书出版

3.“新中核文化理念”确立

4.“中央企业工业文化遗产（核工业）名录”发布

5.《中国核工业集团公司发展史（1955-2015）》编写出版

《中国工业史·核工业卷》编写

6.“核工业功勋榜”发布

新时代·新中核·新形象·新作为

核工业精神形成的三大途径

1

核工业精神是中央培育、上（中央）下（企事业）结合互动形成，也就是国家力量铸就的

2

核工业精神是核工业人在创业实践中形成的，也就是伟大的事业铸就伟大的精神

3

核工业精神是与时俱进在发展中形成的，也就是时代进步铸就的

① 核工业精神是中央培育、上（中央）下（企事业）结合互动形成，也就是国家力量铸就的

- 中央把沉甸甸的责任交给核工业人
- 中央领导反复告诫核工业人，要自主创新、开拓进取、艰苦创业
- 中央领导多次强调，要稳妥可靠、万无一失

这里可分三个层次。第一层次，中央把沉甸甸的责任交给核工业人，从而形成事业高于一切，责任重于一切的思想理念和价值观。第二层次，中央领导反复告诫核工业人，要自主创新、开拓进取、艰苦创业，从而形成进取成就一切的民族自立、自强的风格。第三层次，中央领导多次强调，要稳妥可靠、万无一失，从而形成严细融入一切的行为准则和工作作风。严细就是以科学的态度作学问，以严谨求实的作风搞工程。

毛泽东

毛主席嘱咐刘杰部长说，这是决定命运的事哟，好好干呀！

周恩来

周总理说，核工业几个厂子是全国人民最高利益所在，是世界人民利益所在。

陈毅

陈毅外长 1962 年在北戴河问刘杰部长：你们那个东西什么时候能“交货”呀？你们交了货，我这个外交部长的腰杆子就更硬了。

毛主席、周总理听取刘杰部长关于发现铀矿石汇报后，毛主席握着刘杰的手说，刘杰啊！这是决定命运的事哟，好好干呀！

周总理指的几个厂子是指西北三厂（四〇四、五〇四、二二一）和包头二〇二厂。请注意，总理的表达严格地把握分寸，是非常准确的，对“中国人民”用了“最高”，在“世界人民”后就未用“最高”。所以，不是一般的鼓励与赞誉，而是客观准确的评价。

这些殷切的期望与重托，加深了核工业人对责任和使命的理解，极大地增强了核工业人的事业心和责任感。

想一想，有哪个行业，哪座工厂，哪个产品，称得上与国家命运相关？是“两个利益”所在？可以支撑国家外交实力？

毛泽东

要先学楷书，再写草书。

毛泽东

要尊重苏联同志，刻苦虚心学习。但一定要破除迷信，打倒贾桂！贾桂（即奴才）是谁也看不起的。

邓小平

这些东西（指“两弹一星”）反映了一个民族的能力，也是一个民族、一个国家兴旺发达的标志。

"先学楷书，再学草书。"这是宋任穷部长向毛主席汇报时，毛主席的一段指示。当时背景是全国开展大搞技术革新运动，五〇四厂职工也跃跃欲试，想在扩散机主工艺上搞革新。毛主席听了汇报后说，这个原子堆、铀-235，你们还没有掌握好，怎么就动手改呢！首先，掌握好了，然后才能去改。比如写字，先得学正楷，再学行书，然后再练草书。

中央领导的亲切关怀和反复教导，培育了核工业人的科学作风、进取精神和自主创新的民族精神。

江泽民

在这个世界上，最后还是要拼实力的。我们要卧薪尝胆，一定要争这口气！

江泽民同志这段话是在“995 事件”即我驻南斯拉夫使馆被炸后讲的。他说，如果没有当年毛主席、周总理领导我们在非常困难条件下，搞出原子弹、氢弹和人造卫星，我们不会有今天这样的局面，恐怕早就挨打了。

所以，我们一定要奋发图强、卧薪尝胆，把核工业搞上去，争这口气！

1999 年 5 月 8 日中国驻南斯拉夫使馆遭北约导弹袭击

2019 年 5 月 8 日，“炸馆事件”20 周年，在使馆旧址纪念碑前摆满了鲜花。20 年前，使馆大楼遭北约导弹空袭，炸成了废墟，数十人被炸伤，三人不幸罹难。使馆被认为是一国的领土。假如国家没有实力，历史不是不会重演。

中央领导的亲切关怀和反复教导，培育了核工业人的科学作风、进取精神和自主创新的民族精神。

胡锦涛

核工业要再接再厉，乘势而进，不断深化改革，不断提高自主创新能力，不断提高现代管理水平，促进我国核工业又好又快又安全地发展。

2002 年 6 月，胡锦涛同志在视察秦山核电站时，提出“发展民族核电”的重要思想。

中央领导的亲切关怀和反复教导，培育了核工业人的科学作风、进取精神和自主创新的民族精神。

习近平

60 年来，几代核工业人艰苦创业、开拓创新，推动我国核工业从无到有、从小到大，取得了世人瞩目的成就，为国家安全和经济建设作出了突出贡献。核工业是高科技战略产业，是国家安全重要基石。要坚持安全发展、创新发展，坚持和平利用核能，全面提升核工业的核心竞争力，续写我国核工业新的辉煌篇章。

这是一个全方位，含义深刻的指导核工业持续发展的重要指示。强调要艰苦创业、开拓创新，要安全发展、创新发展，并对核能开发利用提出全面要求。

在员工思想素质和严细作风方面，周总理的指示最多、最具体、最精辟。

周恩来

二机部的工作，要做到有高度的政治思想性，要求有平凡而伟大的风格，要有终身为这门事业的思想；高度的科学计划性，要求一环扣一环，采取科学的态度和科学的方法；高度的组织纪律性，克服松、散、乱、慢的现象。

这是周总理为实现“两年规划”向二机部提出的“三高”要求。

对原子能工业的生产、建设和核武器的研究、试验提出：“实事求是，循序而进，坚持不懈，戒骄戒躁。”

对核试验提出：“严肃认真，周到细致，稳妥可靠，万无一失。”

对核潜艇研制提出：“充分准备，一丝不苟，万无一失，一次成功。”

这三个“十六字令”，是核事业永恒的座右铭。在总理的教导下，核工业人严细成风，严细融入一切，可称当代“核安全文化”（IAEA 提出）的原型。

在五〇四厂，主工艺操作有四句话。

现场作业按程序（严格按许可证、操作票）

重大操作双人制（一人操作一人监督）

电话指令要复诵（现场与控制室联络）

交接报告用书面（口说无凭，文字为据）

假如中央领导这些指示、教导，是核工业精神的理论基础，是正面激励的力量；那么，苏联撤走专家、三年经济困难的两大危机，则是从负面激发了我们的斗志，形成倒逼机制，客观上为加快自力更生发展我国核工业提供了机遇。

核工业经历了两大危机的考验。

工程建设上，1959 年 6 月苏联发出撤离专家信号，核工业第一批厂矿开始建设不久，设备、资料远没有到齐。

生活上，受经济困难影响，四〇四厂只有 3 天存粮，五〇四厂三分之二的人浮肿，1000 多人住院，二二一厂职工每月主食 24 斤青稞谷子混合粉，副食严重短缺，到青海湖捕鱼，到草原打猎。

中央为西北三厂设立二级批发站，以一个省的供应指标下达各类商品和副食，核工业人得到中央得天独厚的关怀。

在有外援的时候，我们没有依赖，而是坚持“自力更生为主，争取外援为辅”，坚持做好三项工作：

组织一支以著名科学家为带头人的专业科技队伍

建立独立完整的核工业体系

坚持在核心技术上做到知其所以然，坚持“理论先行”“以任务带学科”

加强了能力建设

克服了由于停援带来的巨大困难，加快了前进的步伐

为了攻克两大难关，精心做好三项工作，也是科技攻关的三大法宝。每一领域都配有顶级科学家，核武系统有王淦昌、彭桓武、郭永怀、邓稼先、于敏等，铀浓缩系统有王承书、吴征铠、钱皋韵、刘广均等，反应堆系统有彭士禄、赵仁恺、欧阳予等，化工冶金有曹本熹、张沛霖、姜圣阶、王方定、杨承宗等，辐射防护有李德平等。

在叫天天不应，叫地地不灵的情况下，没有急躁慌乱，而是稳扎稳打，理论先行，“知其所以然”后再干，终于攻下一个又一个难关，各项事业取得全面成功。

综上所述，中央的指示、引领，以及物质和人才的支持，都是国家力量的体现。

② 核工业精神是广大职工在建设和攻关过程中锤炼形成，也就是伟大的事业铸就伟大精神

如果上面讲的核工业精神是在特定的国家背景和国际环境中形成的，属于时势造英雄范畴，那么这一部分，就是讲核工业人如何在创造物质财富的同时，创造出灿烂的精神文明。

核工业人在中央的关怀和全国人民的支持下，能够在艰苦的环境里，干出惊天动地的事业，重要的是对于责任、对于使命的理解和认识……为了完成这样的使命，实现这样的责任，成千上万的职工在茫茫无际的戈壁荒原，在人烟稀少的深山峡谷，隐姓埋名，以身许国，风餐露宿，不辞辛劳，经受了各种艰难险阻的考验。

——核工业创建 50 周年总结

“隐姓埋名、以身许国”是对以王淦昌为代表的一批优秀科学家的真实写照

王淦昌，我国核科学与核武器研制的奠基者和开拓者之一。当祖国需要他承担原子弹研究任务时，他毅然表示：“我愿以身许国。”从此，他改名王京，默默无闻地在祖国大西北安营扎寨。

王老在微观粒子研究造诣很高。在国际上，第一位提出探测中微子实验方法，后又在杜布纳核子研究所发现反西格玛负超子，被誉为“与诺贝尔奖擦肩而过的人”。当祖国需要他承担新任务时，那些个人爱好、个人成就就置之度外。

他开创了原子弹、氢弹和地下核试验的国家工程。

王老的魅力还体现在他的科学洞察力、追求真理的科学态度。

1964 年他提出，激光核聚变的新概念。

1986 年 3 月提出，发展高科技设想。

王老 80 寿辰留影，前排左起：周培源、严济慈、王淦昌、赵忠尧、钱学森

1986 年 3 月，他和王大珩、杨嘉墀、陈芳允四位科学家一起，提出“发展我国高技术的建议”，得到邓小平同志首肯，并设立“863”国家高技术研究发展计划。

郭永怀、彭桓武两位科学家和王老一起，被称为“两弹”三大台柱，王淦昌负责实验，彭桓武负责理论，郭永怀负责爆轰、结构、飞行等力学问题。

他（她）们闪光的片断，感人的事迹，使人久久难忘

郭永怀，我国近代力学奠基人之一，被称为中国核武器研制初期的三大台柱之一。

为了回国效力，在美国康奈尔大学一次野餐晚会上，他不惜一切，烧掉了珍贵的科研手稿和讲稿，以明回国之志。

他对别人要求严，对自己更严。在总结报告上，他却毫不犹豫地把自己的名字划掉了。他说：“我们是做领导工作的，研究工作我们都要管，如果每项成果都署我们的名字，那不得了！很多人不懂得，我们这些人早在回国的时候，就把名啊、利啊都放在一边了。”

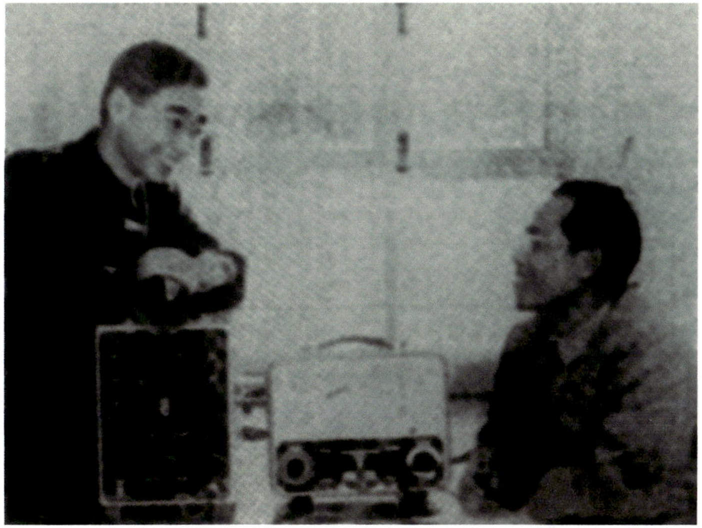

郭永怀（左）在实验室

彭桓武（左）和宋任穷（右）、周光召（中）在一起

彭桓武：　集体　集体　集集体

日新　日新　日日新

王淦昌、彭桓武、郭永怀、邓稼先在核试验场区

彭桓武：回国不需要理由，不回国才需要理由。

聂荣臻（中）、李觉（右）、钱学森（左）在核试验场

聂荣臻：二机部工作我亲自管。

他（她）们 闪光的片断，感人的事迹使人久久难忘

邓稼先，原子弹理论设计的负责人，他指挥实施了 15 次核试验，被誉为两弹元勋。在病重时，他还向中央提出关于核试验的建议，在离开我们前，说的最后一句话是：不要让人家把我们落得太远。

邓稼先投身两弹事业整整28年，他身上的担子有多重，他的贡献有多大，可用刘杰部长的一段话表达。刘杰部长说，中国研究原子弹的龙头在二机部，二机部的龙头在九院，九院的龙头在理论部。邓稼先是理论部主任。

在“九次计算”的一天深夜，邓稼先和一批年轻科研人员加班完成原子弹理论设计参数计算后回家时，发现他的两个孩子，互相偎依着，歪倒在楼梯口，在瑟瑟的寒风中睡着了。他这才想起，爱人今晚值夜班。可怜的孩子进不了家门，大概连晚饭还没有吃上呢！他面颊使劲贴着孩子脸说：“原谅爸爸吧，请原谅……我们成功了，好孩子……”

所谓“九次计算”就是，1960 年 4 月，为了验证原子弹设计中的重要参数，因与苏方结论不相吻合，所以邓稼先组织一帮年轻人用了 9 个月时间重复进行了九次计算。后来，华罗庚说，这是集世界数学难题之大成。

于敏：
中国不能没有自己的核力量，我愿为国家和民族的事业献出自己的一切。

邓稼先（左）和于敏（右）在一起

他（她）们 闪光的片断，感人的事迹使人久久难忘

曹本熹，著名化工专家，我国核燃料事业开拓者之一，出色地领导了铀、钚、锂、氚的试制和生产任务。

搞核燃料生产要进入沙漠荒原。曹教授回答: 只要是为了科学，就不考虑在什么地方。

曹院士贵在：

低调做人，

高调做事。

曹院士有句口头禅：“我是共产党员，生活上不需要特殊照顾。”他把共产党员当做自己第一身份，无论住房、坐车他都先人后己。

他深入现场，指导几个核燃料厂攻克技术难关，解决重大生产技术问题。

他（她）们闪光的片断，感人的事迹使人久久难忘

王承书，我国著名女科学家，铀同位素分离事业的理论研究奠基人。

“你愿不愿意隐姓埋名一辈子？”王承书回答：我愿意！

为了铀浓缩事业，她20年住在集体宿舍，为工厂提前投产立了大功。

王先生从 1958 年任北京房山原子能院室主任到 1978 年任核工业部科技司总工，整整 20 年远离丈夫和唯一的儿子，常年在原子能院 17 号招待所，或奔波在北京—兰州之间。

每周一从城里乘班车去原子能院，周六乘班车回中关村家，吃在食堂，住在单身宿舍。正在上小学的儿子 7 天才能见妈妈一面。

王承书指导下的计算组把五〇四厂扩散级联九批启动七批拿产品改为五批拿产品，提前113天拿出高浓缩铀产品，确保了1964年下半年爆炸我国第一颗原子弹。

王先生自己回忆说，我们带着电子计算机计算的结果到五〇四厂，在现场观察机组启动后，机组的铀-235丰度随时间变化的曲线。白天守在计算科，晚上在招待所等电话，1964年元旦也是这样在工厂里度过的。

“将一生积集的技术资料、书籍赠给天津三院，留下的积蓄除 8000 元给未婚姐姐外，全部交希望工程和最后一次党费。”

她的遗言表达了一位共产党员赤诚无私的胸怀。

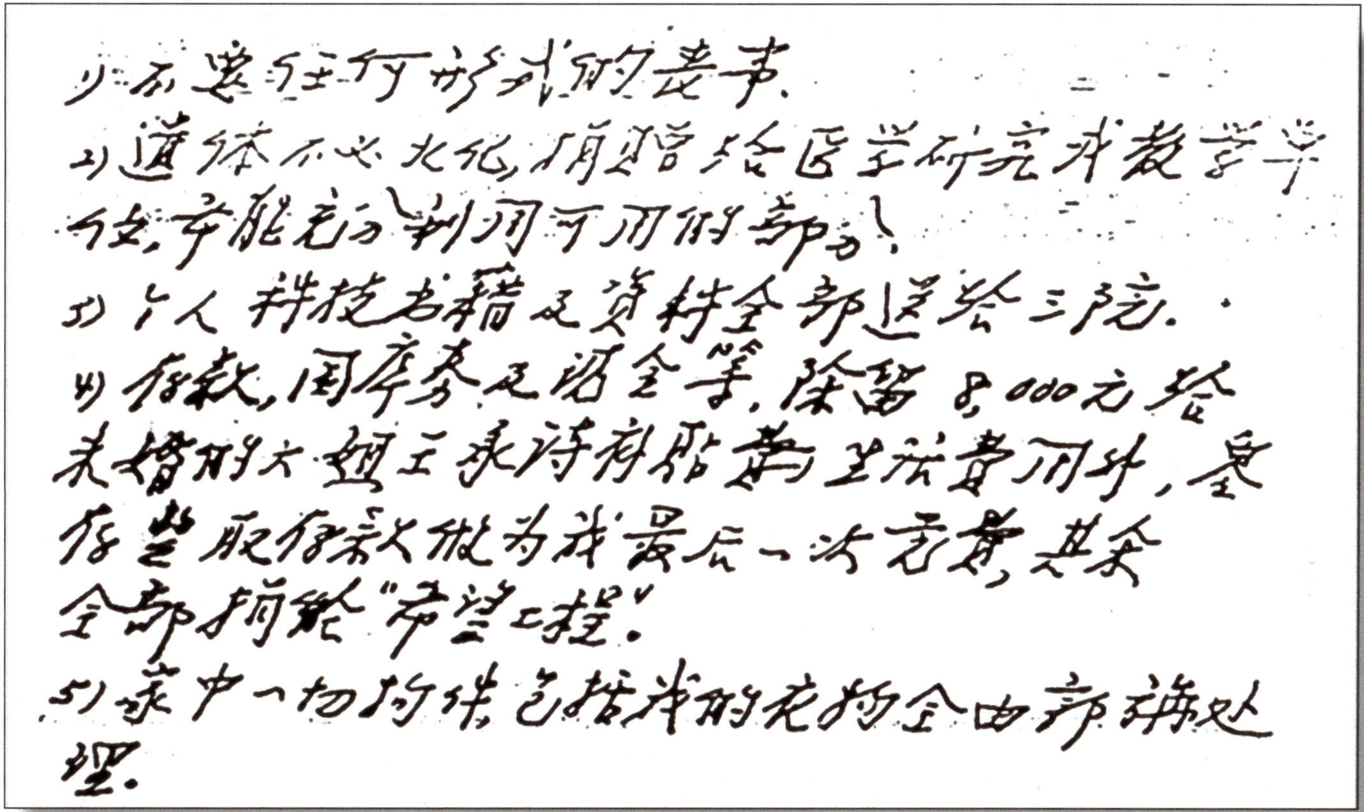

1）不要任何形式的丧事。
2）遗体不必火化，请赠给医学研究或教学单位，希能充分利用可用的部分！
3）个人科技书籍及资料全部送给三院。
4）存款、国库券及现金等，除留8,000元给未婚的大姐王承诗作为养老送终费用外，另存些取存款做为我最后一次党费，其余全部捐给"希望工程"。
5）家中一切物件包括书的衣物全由[illegible]处理。

王承书留下的遗愿

核工业功勋榜 影像

致敬核工业功勋

功由才成　业由才广

优秀人物和动人的事迹在核工业队伍中还有很多。在我国核工业创建 65 周年之际，为致敬表彰为我国核工业创建、发展做出卓越贡献的典型代表，发布了“核工业功勋榜”，71 名优秀代表首次上榜。

“戈壁荒原、风餐露宿、不辞劳苦”，是对以四〇四厂职工为代表的创业初期核工业人的生动刻画。

建厂初期的四〇四

风沙很大

睡觉全副武装

饮水很困难

孩子没见过树木

四〇四厂创业初期，在戈壁滩不毛之地上，风沙很大，大风能把沙子吹起来，天长日久把汽车挡风玻璃都打毛了。严重缺水，水比油贵一点也不夸张。一盆水早晨洗完脸，留下来洗衣服，最后用来和煤。在帐篷里睡觉要戴口罩、戴帽子，大家风趣地说，全副武装睡觉。

更伤感的是，在那儿出生的孩子没有见过树木，只见过遍地的骆驼草。节假日去玉门镇玩，看到树木，孩子们新奇地说，好大的骆驼草呀！

八〇一工程现场指挥部及建设场景

原三刀的故事

组织上决定原公浦参加铀核心部件的加工。整整半年时间，用模拟部件在球面车床上反复进行加工训练，他瘦了十多公斤。当加工高浓缩铀部件任务下达后，成品对光洁度要求极高，尺寸要求极为严格。特别是最后三刀，每进一刀都由专人测量检验，三刀过后，产品全部达到设计标准，完成铀核心部件的加工任务。以后，大伙儿亲切地称他为“原三刀”。

原三刀的故事讲的是四〇四厂优秀车工原公浦加工原子弹核心部件的经过。他深深地意识到手上的核心部件，是从几十万吨铀矿石中提炼出来，又经过几千台扩散机浓缩出来的，是十几万职工心血与汗水的结晶。

原公浦回忆当时情景说，车间里的气氛沉着而又严肃，心理压力也很大，毕竟是全部希望寄托在我身上，我集中精力细心加工，特别是最后三刀那几乎是用生命刻画的三刀。

他还风趣地说，我姓原，原子弹的原，看来命中注定与原子弹有缘。

抢建扩散厂的故事

我国第一座铀浓缩扩散厂的建成投产也是“进取成就一切”的真实写照。当时以王介福为代表的五〇四厂领导狠抓了三件大事。

一、把主工艺厂房抢建上去

二、把苏联的扩散机等全部设备运进来

三、把专家的技术拿到手

1959 年 6 月，苏联发出撤离专家的信号。所以五〇四厂的使命就是“抢建”扩散厂。1959 年完成厂区 8 大工程建设，迫使苏联从满洲里运进机器设备，12 月 15 日前后大批生产运行专家到厂，12 月 18 日主厂房建成。苏联专家现场检查后，提出厂房清洁度不合格。厂里立即组织 1400 多人，不分昼夜连续干，把厂房管线擦得一尘不染。当专家再进厂房一看，惊讶地伸出大拇指说，我佩服你们，你们都是魔术师，像变戏法一样。12 月 20 日开始安装主机，同时组织技术人员与苏联专家交朋友，提出发扬“挤牛奶”精神，把专家的技术与经验学到手，把资料留下来。

在这紧急关头，如果没有当年“进取成就一切”的精神，任何一个环节有所闪失的话，我们的事业要推迟多少年，那就难说了。

研制核潜艇的故事

毛主席说过：

“核潜艇，一万年也要搞出来。”为了建设核潜艇陆上模式堆，核动力研究设计队伍告别了繁华的城市，带着崇高的使命，来到了偏辟的山沟。

当时那个地方，荒草遍野，蛇虫出没，人迹罕至。他们刚到时，住的是干打垒，喝的是泥浆水，走的是山间羊肠道。由于山区雨多，气候潮湿，蚊子又大又多，居住的工棚也成了蛇、鼠的栖身之所。

曾有几位因公出山的职工，走到当地老乡门前，因天热口渴，想讨口水喝。老乡见他们蓬头垢面，说话又操外地口音，竟把他们当成“要饭的”，好心人用竹篮子端出几块红薯给他们充饥。

可见，当年工作紧张，穿着简陋，生活艰苦的情景。

核潜艇总设计师（从左至右）赵仁恺、彭士禄、黄纬禄、黄旭华

彭士禄总设计师和三位副总，他们是赵仁恺（负责核动力）、黄旭华（第二任总设计师、负责船体）、黄纬禄（负责导弹）。

1

彭士禄是首任核潜艇总设计师，他敢于负责、敢于拍板，使核潜艇建造紧张、快速、有序地进行，在四总师带领下，三年建成陆上模式堆，再隔一年核潜艇下水。

2

一次现场调试时，彭总病倒了，经诊断是急性胃穿孔，切除了四分之三的胃，以顽强意志坚持工作。

3

2017 年他荣获何梁何利奖，他先后说了三句话：奖给年轻人；奖金交组织；基金名称去掉彭士禄三个字。

彭士禄是一位传奇人物。他是革命先烈彭湃的儿子。幼小时，父母都为革命而牺牲，8 岁进了监狱，10 岁沦为乞丐，后辗转到香港。周总理知道后，把他接到重庆。1940 年到延安，后留学苏联。回国后参加核工程建设。

他是我国核潜艇的元勋，也是压水堆核电站的开路人。

核工业人把家庭的幸福、个人的兴趣、人生的价值，与国家安全、民族自强的伟大事业统一起来，形成了周总理说的平凡而伟大的风格。

他们把艰苦的环境、恶劣的条件，与为国争光的抱负和革命乐观主义精神统一起来。吃苦不叫苦，受累不埋怨，一心要建好工程、拿出产品、成就事业。

③ 核工业精神是与时俱进在发展中形成的，也就是时代进步铸就的

核工业精神形成于第一次创业，发展于第二次创业，不断将改革开放、新时代新思想融入其中，使核工业精神得到进一步的提升和发展。

从自力更生为主到“以我为主、中外合作”；从献身事业到企业发展与员工发展和谐统一；把严格细致、一丝不苟的科学作风引申到规范的核安全文化，是一个与时俱进的发展过程。

改革开放后，“解放思想，实事求是”带来了更宽广的思想理念，使“两弹一星”精神、核工业精神得到更全面的发展：

既强调无私奉献，又要体现个人价值；

既强调大力协同，又要提倡有序竞争；

在引进技术的同时，也吸收了国外现代管理和先进文化理念，包括质保体系、安全文化。

在与国际上跨国公司交流中，对“企业文化”“企业社会责任”“企业诚信”“企业品牌”等有了更深的理解和追求。

随着时代的进步，“两弹一星”精神和核工业精神的内涵有了进一步发展和提升。更加准确地把握“严细”与“责任”的真谛。

在核工业第二次创业中，中核集团又涌现出一批践行核工业精神的先进典型。

核电建设是核工业第二次创业的主战场，秦山核电公司和上海核工程研究设计院为我国第一座秦山核电站的建成立下丰功伟绩，被中央领导誉为“国之光荣”。

先进典型，有一心扑在快堆事业上的徐銤院士；有“用生命诠释责任”的胡仁禄；有“严细融入一切”的核燃料元件技师曹子昆；有“进取成就一切”的“华龙一号”三代核电总设计师邢继；有“大国工匠”核级管道焊工未晓朋。

全球首堆　华龙闯关

徐銤是快堆总工程师，他坚持自主创新，攻坚克难，全身心投入快堆研究工作。中国实验快堆已于 2011 年 7 月 21 日建成。

中国首座实验快堆

他从北京到四川夹江，又从夹江回到北京，在快堆研究和工程建设中风风雨雨、一波三折中，徐銶的努力与坚持起到了关键作用。

核工业从军用转向发展民用核电，经历了曲折艰苦的历程。靠的是中央领导和支持，靠的是职工传承、践行核工业精神。20 世纪 80 年代，军品大量压缩，民品尚未形成气候，核电虽然起步了，但没有后续项目。邹家华副总理说，今天我们还不能下决心大量发展核电，是苦于秦山核电站还没有建成。所以，核工业职工当时非常清苦。吴邦国副总理讲述一段往事。他说，他在清华毕业分配时，一些成绩突出的同学都分配到你们核工业部去了。现在他们待遇很低，还很艰苦，真有些不忍心呐！而我们核基地就靠对核事业的执着，发扬核工业精神，保留住像李冠兴这样一批骨干 ,1999 年李冠兴当选为中国工程院院士。

核工业人为了推进民族核电事业的发展，放弃了许多、承担了许多，面对繁重的任务、历史的责任与较大的风险，丝毫没有减弱他们的执著和敬业。

今天我们见到核电的彩虹，可不能忘记昔日核电的风雨。秦山核电的“杜拉旋风”，反对在大亚湾建核电站……如今还是记忆犹新。

1986 年 6 月 16 日，第六届全国人大常委会第十六次会议审议了蒋心雄部长关于发展核电的报告，常委会确定安全发展核电的方针，也是我国发展核电的立法依据。

奋斗，迎来了核电发展的春天

经过20年的不懈努力，书写了中国核电建设从“成功起步”到“国产化重大跨越”，再到“工程管理与国际接轨”的三个光辉篇章。

正是由于我国核电的起步和示范的成功，才迎来了国家加快核电发展的春天。

2019 年福清核电全景

新时代如何传承核工业精神

如何继承“两弹一星”精神、核工业精神，使其代代相传、生生不息、与时俱进、永不褪色，形成强大的凝聚力和引领力，必须在习近平新时代中国特色社会主义思想指引下，推进核工业精神时代化、大众化、常态化，在历练价值观上下功夫（简称“三化一练”）。呈现出：大局中有担当，细微处见精神，青年中看希望，创新中求传承。

（1）推进核工业精神时代化，营造强大的凝聚力和引领力

传承核精神，弘扬核文化，推进核工业精神时代化，使其赋予新时代的新内涵，将竞争意识、创新精神融入其中，营造具有强大凝聚力和引领力的核文化氛围。

时代在发展，科技在进步，环境在变化，如何使核工业精神薪火相传，永不褪色？必须做到，既要传承，又要与时俱进；既要强调奉献、担当、责任，又要提倡有序竞争，发挥个体价值。既要行胜于言，谦虚谨慎，又要敢为人先，展示自己。

要将争先、创优、夺冠的竞争意识和“敢闯敢试、敢为人先、埋头苦干”的特区精神融入其中，融入“进取成就一切”之中。形成一支年轻、能干、有实力、有追求的人才团队。培养出既能传承践行核工业精神，又有新时代风貌和气质的一代核工业新人。

（2）传承核工业精神，必须大众化、常态化才能持久

核工业精神不仅是造原子弹、建核电站人所专有，她是核工业员工群体气质和品行的体现。宣传核工业精神要多讲身边的、当下的核工业精神、核工业人。要多讲本单位过去和现在的“四个一切”，要让广大的员工来讲来议“四个一切”，来做来行“四个一切”。

列举当年核工业部机关普通员工的工作态度和精神风貌，以说明核工业精神是群体的行为。

当年送中南海的文件，经常要在周日加班，赶周一送去。20 世纪 80 年代，文件印刷还用铅字排版，容易出错，三遍五遍地改，有时又过了中午 12 点，一些可以这样，可以那样的，就不想改了。可是文印室的小陈（秀君）却说：“郑主任，不差这一点，改了心里踏实。”当时，她们还很年轻，孩子还小，说不定她们在加班，孩子还在家里哭闹呢。可是，她们舍小家、顾大家、为公家。

他们的精神贵在把一份常人认为不太显眼的工作，当作事业来干。在他们眼里，事业高于一切，就是工作高于一切。把自己的岗位看作是组织交给自己的责任。处处高标准、严要求，动脑筋、想办法，把难以办到的事，办得使人格外满意。在他们那儿，事业、责任、严细、进取都有了。

（3）传承核工业精神，必须走近青年才有生命力

在严格要求一代新人的同时，要重看、高看核工业这一代青年人。要大力弘扬青年人的“爱国”“立业”“奋斗”精神。

“两弹一艇”研制成功已经历了两代人，假如“四个一切”核工业精神仅在“两弹一艇”参与者中兴奋、叫响，那是没有生命力的，因为他们都已退休。要使核工业精神生生不息、代代相传，必须走近青年。但如何点燃他们，仍需有效的引导。告诫他们别在该吃苦的年纪选择安逸，要担当起建设核工业主力军的大任。要从老一辈手中接过核工业创业的接力棒，勇于追求属于自己的那份获得感和幸福感。

（4）传承核工业精神，必须“心有大我，至诚报国”

弘扬核工业先贤“以身许国”精神，树立正确的价值观，把“使命”“责任”与“担当”作为毕生座右铭，处理好“小我”与“大我”的关系。以国家富强、民族振兴为己任，奋发进取，自强不息，为新时代我国核事业作出贡献。

王淦昌的“以身许国”，王承书的“我愿意”，就是心有大我，至诚报国。“我愿意”就是愿意放弃“小我”！假如，我们把“大我”比作石头，把“小我”比作沙子，当我们往瓶子里填装时，如果先装石头，细沙照样可以灌进去。假如你先装沙子，石头也就装不进去了。其实人的思想也很像往瓶子里装沙石。你把“小我”充塞到脑海里，“爱国”“敬业”“使命”“担当”等大石头就放不进去了。所以，我们传承核工业精神，就要在树立社会主义核心价值观上下功夫。这是精神之“钙”，事业之“芯”的总开关。

生活在中国特色社会主义新时代的核工业人，一定会处理好“小我”与“大我”、“物质”与“精神”的关系，以国家富强、民族振兴为己任，为筑牢国家安全基石、为建设我国核工业强国而奋斗！

历史照亮未来 精神引领奋进

“两弹一星”精神是20世纪中国人民自强不息艰苦奋斗的可贵民族精神，“四个一切”核工业精神是国企精神的杰出代表，是对社会主义核心价值观的丰富表达，是国有企业改革发展之魂和宝贵的无形财富，在新时代要大力弘扬和传承。

——国务院国资委宣传局

事业高于一切　责任重于一切
严细融入一切　进取成就一切
不忘初心　牢记使命
为实现"三位一体"奋斗目标而积极贡献